Werner Färber

Bildermaus

Geschichten vom kleinen Pinguin

Illustrationen von Michael Schober

Loewe

Die Deutsche Bibliothek – CIP-Einheitsaufnahme

Bildermaus-Geschichten vom kleinen Pinguin / Werner Färber.
Ill. von Michael Schober.
– 1. Aufl. – Bindlach : Loewe, 2001
(Bildermaus)
ISBN 3-7855-3876-6

Der Umwelt zuliebe ist dieses Buch auf chlorfrei gebleichtem Papier gedruckt.

ISBN 3-7855-3876-6 – 1. Auflage 2001

Umschlagillustration: Michael Schober
Reihengestaltung: Angelika Stubner

www.loewe-verlag.de

Inhalt

Aus dem Ei geplumpst

Mama  hockt auf einem , um es auszubrüten. Papa  ist im  und frisst sich satt.

„Und was ist mit mir? Du glaubst wohl, ich bin gar nicht hungrig?“, fragt Mama , als er endlich zurückkehrt.

Mit dem  schubst sie ihm

das 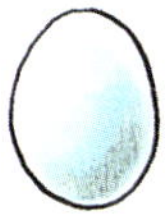 zwischen die 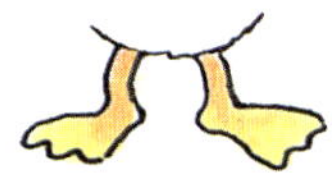.

Das haben die beiden 

schon oft gemacht. Doch diesmal

geht es schief. Das  rollt davon.

Erst rollt es ganz langsam. Dann wird es immer schneller und schneller. „Ach du dicker 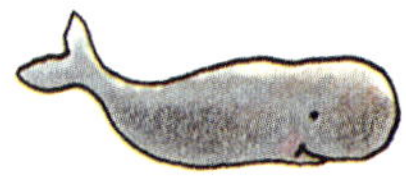 “, sagt Mama  erschrocken.

Papa  öffnet sprachlos

seinen . Das 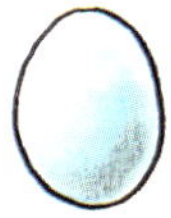 saust über

eine glitzernde  und hebt ab.

Es plumpst ins .

Sofort wirft sich Mama auf ihren

weißen  und rutscht dem 

hinterher. Papa watschelt, so

schnell ihn seine 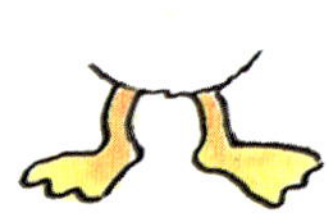 tragen.

Mama  plumpst als Erste kopfüber ins . Papa  plumpst hinterher. Sie tauchen gemeinsam nach dem .

Doch die  ist längst geplatzt

und sinkt immer tiefer. Ein

kleiner  reckt den  aus

dem  und schaut sich um.

Mama und Papa ziehen den

kleinen  aus dem  .

Er schüttelt die flaumigen 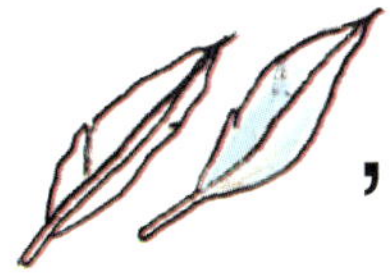,

rutscht aus und fällt um.

„Plumps“, sagen Mama und

Papa  wie aus einem  .

Und damit ist allen klar, wie der

kleine  heißen wird.

Die gläsernen Tiere

Die  sehen zum  hinauf. Dort oben glitzern riesige weiße 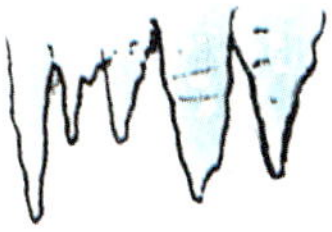 in der . Wenn sie abbrechen und herunterfallen, wird es für die  gefährlich. „So schön sie sind“, sagt Plumps, „die 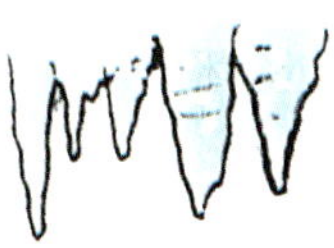 müssen weg.“

Er packt die große 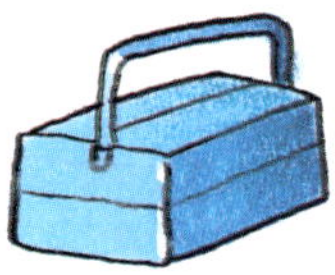 .

Mit  und  macht er sich auf den  . Oben angekommen, befestigt er einen  und seilt sich ab zu den 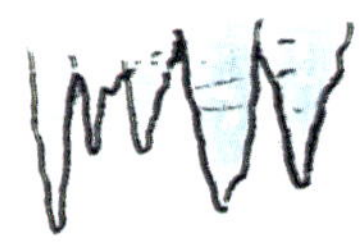 .

Mit der  sägt er sie ab.

Bald liegen die 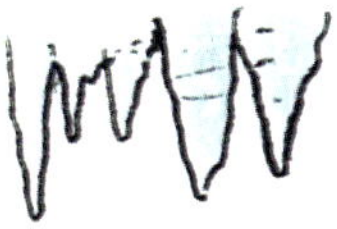 kreuz und quer übereinander. „Eigentlich ist es schade“, denkt der .

„Sie haben so schön geglitzert."

Mit  und 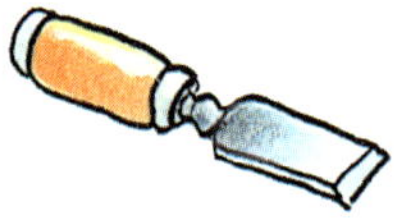 schlägt er aus

einem der 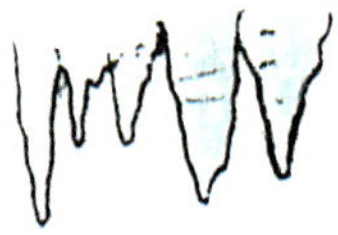 einen  .

Aus dem nächsten formt der

kleine  einen  mit

einem  und einem 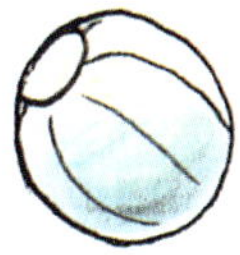.

Danach lässt Plumps noch

eine  und einen dicken 

entstehen. Aus dem größten

der  meißelt er einen .

Aus dem zweitgrößten macht er

ein  . Aus dem kleinsten 

meißelt der kleine  ein

zartes  .

Zufrieden schließt Plumps

die 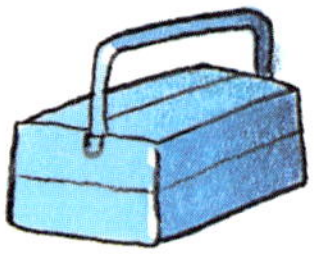. Die gläsernen 

glitzern und funkeln in der

untergehenden .

Polarforscher in Not

Dicke  ziehen auf. Es stürmt und schneit. Der kleine  beeilt sich, zu den anderen zu kommen. Eisige 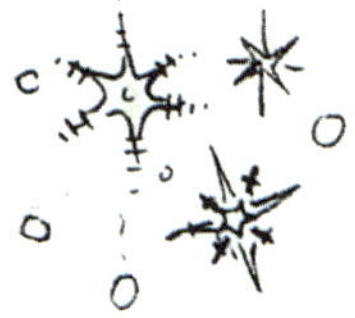 peitschen ihm entgegen. Plötzlich hört Plumps jemanden reden.

Der kleine  bleibt stehen.

Er lauscht. „Ich fürchte, wir haben

uns verlaufen“, sagt ein  .

„Wenn wir nicht bald unser 

finden, sind wir verloren.“

Vorsichtig nähert sich Plumps,

bis er zwei  erkennt.

Trotz der dicken  und 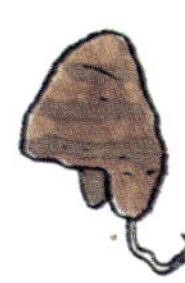 

scheinen sie zu frieren.

Ihre sind weiß gefroren.

„Wir stellen das  auf und

verkriechen uns in die  “,

sagt der zweite  . „Lass uns

lieber weitergehen“, sagt der erste.

Sie schnallen die  an,

nehmen die  und stapfen los.

Entsetzt sieht der , dass sie den falschen  nehmen. Plumps eilt an ihnen vorbei und läuft voraus. „Der will sicher zum “, sagt der eine .

Sie folgen dem kleinen ,

bis sie die  ihres 

sehen. „Das ist doch viel besser,

als im  zu frieren“, sagt der

andere  erleichtert.

Zufrieden bleibt Plumps stehen

und lässt die  vorbei.

„Danke“, sagt der zweite 

und winkt dem kleinen  zu.

Plumps, der Entdecker

Der kleine  packt eine 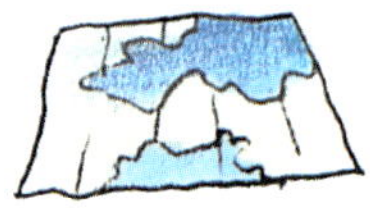,
die  und sein 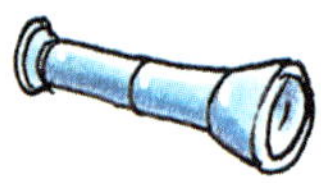 in
den . Den  hängt er
sich gleich um. „Wo willst du
denn hin?“, fragt Mama .
„Ich will die große, weite 
entdecken“, antwortet Plumps.

Er watschelt zum  und

springt auf eine , die so

groß ist wie ein . „Pass gut

auf dich auf!“, rufen Mama, Papa

und die anderen .

Plumps winkt ihnen zu, bis er

keinen mehr sieht. Die 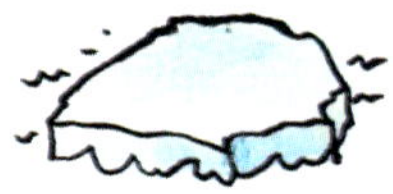

schaukelt sanft auf den  .

Unter der warmen  wird sie immer kleiner. Bald ist sie nur noch so groß wie ein , und schließlich bekommt der kleine  nasse 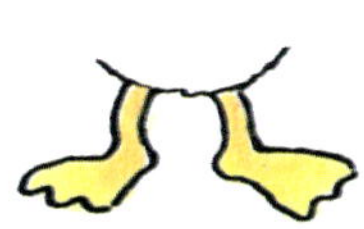.

„Kannst du mich vielleicht

mitnehmen?“, ruft Plumps einem

dicken  hinterher. „Ich würde

gern die  entdecken!“

„Die  liegt heute leider nicht

auf meinem  “, erwidert

der 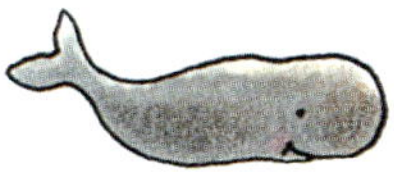 . „Es muss ja nicht

gleich die ganze  sein“, sagt

der kleine  bescheiden.

„Dann steig ein“, sagt der 

und öffnet sein dunkles 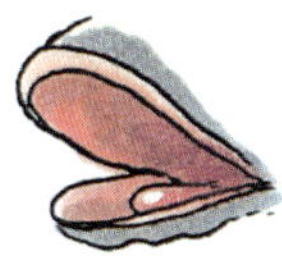 .

Plumps knipst die  an und

klettert hinein. Schon bald sagt

der 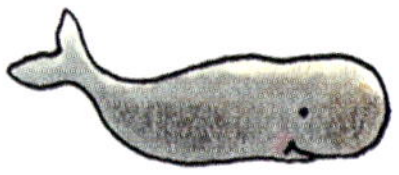: „Bitte aussteigen!

Hier ist zwar nicht die weite ,

aber schön ist es trotzdem."

Der kleine  bedankt sich

und steigt aus. Mit dem 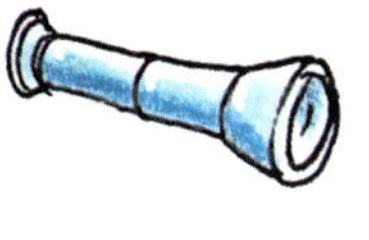

sieht er sich um. Seltsam.

Ihm kommt alles ziemlich vertraut

vor. Erst als er die  sieht,

weiß er, weshalb. Der 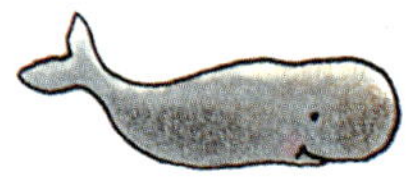

hat Plumps geholfen, seine

eigene  zu entdecken.

Die Wörter zu den Bildern:

Pinguin

Ei

Wasser

Schnabel

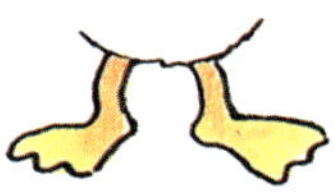
Füße

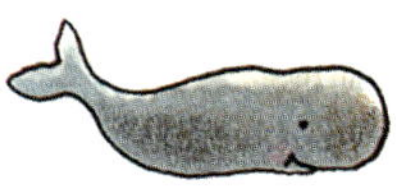
Wal

Eisscholle

Bauch

Eierschale

Kopf

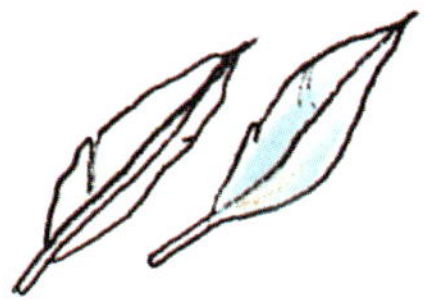
Federn

Berg

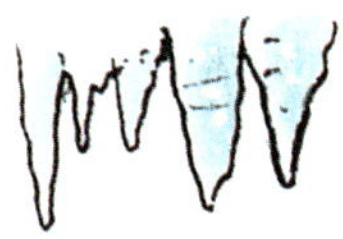
Eiszapfen

Sonne

Werkzeug-
kiste

Seil

Hammer

Weg

Haken

Säge

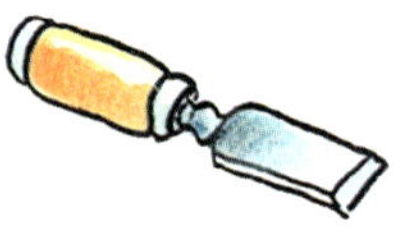

Meißel

Delfin

Seehund

Fisch

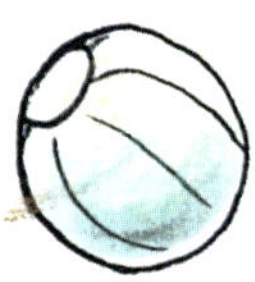

Ball

Schildkröte

Eisbär

Elefant

Nashorn

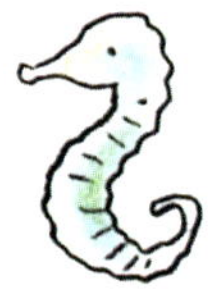

See-
pferdchen

Tiere

Wolken

Schnee-
flocken

Mann

Schiff

Jacken

Taschen-
lampe

Mützen

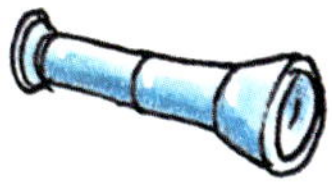
Fernrohr

Bärte

Rucksack

Zelt

Fotoapparat

Schlafsäcke

Welt

Skier

Wellen

Stöcke

Ruderboot

Schiffs-
lampen

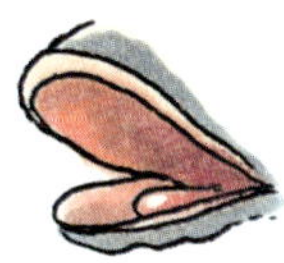
Maul

Landkarte

Insel

Werner Färber wurde 1957 in Wassertrüdingen geboren. Er studierte Anglistik und Sport in Freiburg und Hamburg und unterrichtete anschließend an einer Schule in Schottland. Seit 1985 arbeitet er als freier Übersetzer und schreibt Kinderbücher.

Michael Schober wurde 1966 geboren. Er lebt mit seiner Frau und zwei Söhnen (und ein paar Hühnern) in einem alten Hopfenhof. Zahlreiche Kinderbücher sind von ihm illustriert und geschrieben worden. Ein Zeichentrickfilm fürs Fernsehen ist in Arbeit.

Bildermaus

Mit Bildern lesen lernen

ebenfalls erschienen:

Bildermaus-Geschichten vom kleinen Pinguin
Bildermaus-Geschichten vom kleinen Weihnachtsmann
Bildermaus-Geschichten von der netten Krankenschwester

Stufe für Stufe zum Leseerfolg!

Loewe